AF564067

LE DRAPEAU

PAR

M. LE Cte L. D'OSSEVILLE

CAEN

Mlle VILLAIN, LIBRAIRE-ÉDITEUR
Rue de Strasbourg

1871

LE DRAPEAU [1].

« Henri V ne peut abandonner le drapeau blanc d'Henri IV. »
(Manifeste de Chambord.)

I.

Une déclaration considérable vient d'être faite ; le manifeste du 5 juillet est explicite : Henri V, si la France le rappelle, ne reviendra qu'avec le drapeau blanc.

(1) Les pages suivantes ont été insérées, avec quelques changements, dans les n°s des 12, 15 et 17 juillet du journal *L'Ordre et la Liberté*.

En bonne politique, valait-il mieux que cette question fût tranchée avant le travail préparatoire de la solution, ou qu'elle restât dans l'ombre, sauf à la produire au dernier moment, et aboutir à une transaction ?

Qu'entend-on d'abord par *bonne politique ?* Est-ce celle qui veut que l'on se préoccupe plus du succès que du soin de sa dignité ? ou celle qui veut être honnête, loyale, formelle avant tout ?

Cela dépend des circonstances.

Certes, quand on s'adresse à des puissances rivales vis-à-vis desquelles on débat les intérêts du pays, il y a des réserves à faire, et s'il est honorable de penser tout ce que l'on dit, il est prudent de ne pas dire tout ce que l'on pense.

Mais, quand il s'agit d'un prétendant exclusivement inspiré par son dévouement, par la passion de remplir son devoir de Roi et de ne le remplir que rappelé par la nation, la question change : le prétendant ne se considère pas comme traitant avec des adversaires, il a devant lui la France, sa patrie aimée, la France que ses ancêtres ont faite, qu'ils ont faite grande, souvent crainte et toujours respectée par les nations rivales. Les habiletés politiques sont au-dessous de son rôle : elles en atténueraient la grandeur, elles compromettraient la sécurité de son avenir. Il doit se montrer tel qu'il est, afin que, s'il doit être roi, la France l'appelle en connaissance de cause.

Il faut que la France le sache aussi éloigné de la révolution, avec laquelle il ne veut, ne peut, ni ne doit transiger, que des idées et des abus de l'ancien régime dont il repousse hautement jusqu'à l'odieux fantôme, que la plus insigne mauvaise foi s'attache sans relâche à lui opposer.

Il faut que la France sache « qu'il veut être de son temps ; qu'il veut reprendre, en lui restituant son caractère véritable, LE MOUVEMENT NATIONAL DE LA FIN DU DERNIER SIÈCLE », et qu'enfin « il n'y ait entre la France et lui ni malentendu, ni arrière-pensée. »

II.

Or, quelle que soit l'origine historique des trois couleurs nationales, il est impossible de ne pas reconnaître que les cocardes ou les drapeaux qui les réunissaient ont révolutionnairement présidé à la prise de la Bastille, premier acte insurrectionnel contre l'autorité royale ; — que le drapeau tricolore, avec quelques intermèdes de drapeau rouge, a traversé toutes les phases de la Révolution ; — qu'il a présidé au coup d'État du 18 brumaire ; — qu'il a, sous le Consulat et l'Empire, guidé nos soldats à la victoire, mais avec un tel excès, qu'il a été obligé par deux fois de se replier sur son centre, entraînant jusqu'à Paris nos ennemis triomphants.

Ce qu'a fait le drapeau blanc à ces époques douloureuses, tout le monde le sait : il a ramené la paix et avec la paix la liberté, l'ordre, l'économie, sans oublier la grandeur nationale noblement maintenue sinon accrue à Navarin, à Cadix, à Alger. La France alors regardait l'Angleterre en face, ne lui donnait en pâture ni *droits de visite*, ni *traités de commerce*, et marchait dans sa droite voie sans courber le front devant elle.

Depuis leur retour en juillet 1830, la gloire militaire n'a pas déserté les trois couleurs. M. le comte de Chambord a payé un trop légitime tribut d'admiration à l'*héroïsme de nos soldats* quelle que fût la *couleur du drapeau sous lequel ils marchaient*, et notamment dans cette Algérie, devenue, grâce au drapeau blanc, *terre française*, pour que nous ne nous associions pas pleinement à son patriotique témoignage.

Mais, enfin, le drapeau tricolore a continué depuis 1830 à représenter l'idée révolutionnaire, non dans ses excès, il est vrai, mais dans ses phases plus ou moins scabreuses, où la logique du *fait accompli* remplaçait incontestablement la logique du droit traditionnel.

Tels furent les faits accomplis de février 1848, du 2 décembre 1851, du 4 septembre 1870, et de toutes les dates qui admettent la révolution, en cherchant à lui donner pour condition l'*ordre public*.

Eh bien ! Henri V a jugé que, si la France doit le rappeler, ce sera pour être replacée par Lui sur son trône de Nation-Reine, dont l'empire, dont les dictatures révolutionnaires l'ont laissée déchoir ; ce sera pour guérir ses blessures, pour consolider son crédit par l'honnêteté, et pour fonder la liberté sur les droits de tous, SANS ACCEPTION DE CLASSES NI DE PARTIS.

III.

La question ainsi posée, et nous défions qu'on la pose autrement, que devient la sous-question du drapeau ? Du moment où la révolution est écartée par la volonté de la France, son drapeau la suit......

Ah ! nous savons que si, comme nous le disions plus haut, ce drapeau a vu la France rassasiée de gloire, il l'a vue aussi de nos jours comme écrasée sous le malheur. Nos fils, nos frères ont partagé ces épreuves; ils ont affronté, sous les plis de ce drapeau, les périls de la lutte, et, vainqueur ou vaincu, l'on s'attache au muet témoin du devoir généreusement rempli.

Si donc en entrant dans une ère nouvelle, celle de la réparation sincère et durable, la France venait à changer de drapeau, elle se garderait bien de jeter l'insulte à celui qu'elle quitterait après l'avoir conservé quarante ans; mais imitant la royale sollicitude de Louis XIV qui éleva l'un de ses plus grandioses monuments aux nobles invalides de ses armées, elle le confierait à l'histoire, pour en conserver aux générations futures l'instructif et impartial souvenir.

IV.

Il est tout à fait digne de remarque, et nous ne saurions trop appeler l'attention du lecteur sur ce point essentiel : que le mot *Révolution* n'est nullement synonyme de *Réforme*, pas plus que le mot de *Restauration* n'est synonyme de *retour à l'ancien Régime.*

Louis XVI avait encore la plénitude de son pouvoir monarchique lorsqu'il convoqua les *États généraux*, et les immortels *cahiers* qui furent comme le programme régulier, et provoqué par le Roi, des délibérations de l'assemblée nationale constituante, furent l'œuvre de la monarchie et non l'œuvre de la révolution.

J'ajoute que, sans parler de la suppression d'abus notables, tels entre autres que la torture, l'on doit à la royauté des institutions d'un libéralisme très-avancé, telles que les *assemblées de département*, analogues à nos *conseils généraux*, fondées en 1787 et 1788, et dont nous avons de très-intéressantes délibérations sous les yeux.

M. Alexis de Tocqueville, dont les tendances étaient fortement portées vers le progrès moderne, a fait un livre plein de recherches du plus haut intérêt (1), pour établir que les excès révolutionnaires n'ont nullement servi à l'établissement des réformes, et que le jeu ré-

(1) *L'ancien régime et la révolution.*

gulier de la monarchie et des états généraux y auraient pleinement suffi.

Enfin, l'histoire nous a retracé, en termes chaleureux, le souvenir de cette fameuse nuit du 4 au 5 août 1789, qui vit tomber, par l'initiative même des membres de la noblesse, qui en faisait volontairement le sacrifice, tout ce qui restait des droits féodaux. C'est ainsi que les décrets des 4, 6, 7, 8 et 11 août, sanctionnés par le Roi le 20 septembre, suppriment justices seigneuriales, dîmes, corvées, vénalité des offices, priviléges, annates, pluralité des bénéfices, etc. etc.

Le drapeau blanc peut donc parfaitement se rallier aux réformes; ce qu'il repousse, ce qu'il combat, ce sont les bouleversements.

Nous verrons tout à l'heure que M. le comte de Chambord l'entend absolument ainsi.

V.

Il est donc de toute évidence que la vraie question, la question prépondérante n'est pas celle du drapeau. Il y aurait faute à s'en préoccuper outre mesure ; mais il convient de laisser marcher tranquillement les événements, sans prendre d'avance une responsabilité compromettante, soit qu'elle se dresse en soutien du drapeau blanc, soit qu'elle s'inscrive en faveur du drapeau tricolore.

Ce qu'il nous faut, ce que nous voulons avant tout, ce sur quoi nous ne consentons pas à transiger, bien que, sous le drapeau tricolore, nous ayons singulièrement et à de nombreuses reprises atténué nos prétentions et fait bon marché de nos droits, c'est :

Une *liberté* sincère, non pas seulement apparente, mais réelle ; non pas seulement promise, mais tenue ; non pas seulement inscrite dans une charte, mais formellement mise en pratique par le jeu régulier d'institutions judicieuses, libérales et conservatrices ;

C'est une *autorité* qui soit *notre*, c'est-à-dire à qui la nation n'appartienne pas, mais qui appartienne à la nation ; qui, retournant le mot célèbre de Louis XIV, puisse dire : MOI, C'EST LA FRANCE ! puisque c'est elle qui m'a appelé, qui m'a voulu tel que je me suis offert à elle, comme le premier né de ses fils, qui l'aima trop pour jamais chercher à troubler ses destinées ;

C'est une *stabilité* qui repose sur tous les intérêts satisfaits et rejette les expédients qui ne peuvent rien fonder.

C'est, en un mot, la civilisation triomphant de la barbarie, la grandeur remplaçant l'abaissement, les progrès fondés sur l'honnêteté, au lieu des compromis trop souvent dictés par l'astuce.

Eh bien ! toutes ces choses, l'acte du 5 juillet les promet dans un langage tellement clair qu'il est impossible, en le citant, d'en affaiblir l'autorité ; tellement éloquent, qu'il est impossible, même à ses critiques, de n'en pas reconnaître l'énergique beauté ; tellement au-dessus des intérêts de parti, qu'il domine les préjugés eux-mêmes de toute la hauteur du principe qu'il soutient et de la situation où il se pose. Voici ce langage, on ne saurait trop le méditer :

VI.

LA LIBERTÉ.

« Dieu aidant, nous fonderons ensemble *et* « *quand vous le voudrez,* sur les larges assises « de la décentralisation administrative et des « franchises locales, un gouvernement con- « forme aux besoins réels du pays.

« Nous donnerons pour garantie à ces li- « bertés publiques auxquelles tout peuple « chrétien a droit, le *suffrage universel hon-* « *nêtement pratiqué et le contrôle des deux* « *Chambres, et nous reprendrons, en lui res-* « *tituant son caractère véritable, le mouvement* « *national de la fin du dernier siècle.* »

LA STABILITÉ.

« Une minorité révoltée contre les vœux du « pays en a fait le point de départ d'une pé- « riode de démoralisation par le mensonge et

« de désorganisation par la violence. Ses criminels attentats ont imposé la révolution à une nation qui ne demandait que des réformes, et l'ont dès lors poussée vers l'abîme où hier elle eût péri, sans l'héroïque effort de notre armée.

« Ce sont les classes laborieuses, ces ouvriers des champs et des villes, dont le sort a fait l'objet de mes plus vives préoccupations et de mes plus chères études, qui ont le plus souffert de ce désordre social.

« Mais la France, cruellement désabusée par des désastres sans exemple, comprendra *qu'on ne revient pas à la vérité en changeant d'erreur*; qu'on n'échappe pas par des expédients à des nécessités éternelles.

« ELLE M'APPELLERA, ET JE VIENDRAI A ELLE TOUT ENTIER, AVEC MON DÉVOUEMENT, MON PRINCIPE ET MON DRAPEAU. »

L'AUTORITÉ.

« En m'éloignant, je tiens à vous le dire,

« je ne me sépare pas de vous, *la France sait*
« *que je lui appartiens.*

« Je ne puis oublier que *le droit monarchique*
« *est le patrimoine de la nation*, ni décliner
« les devoirs qu'il m'impose envers elle.

« CES DEVOIRS, JE LES REMPLIRAI, CROYEZ-EN
« MA PAROLE D'HONNÊTE HOMME ET DE ROI. »

Ce n'est pas là, que nous sachions, le langage d'un prétendant vulgaire ; les promesses y sont faites avec une telle franchise qu'elles ont l'air de sortir de l'âme et d'échapper à tout calcul.

Est-il possible d'exprimer d'une manière plus formelle et plus heureuse la liaison du présent au passé, c'est-à-dire de la France actuelle envisagée au point de vue *de ses besoins réels* et de ses libertés nécessaires, — avec la France *de la fin du dernier siècle*, c'est-à-dire avec sa haute aspiration vers les réformes possibles et vers le progrès fondé sur la raison ?

Peut-on rappeler plus pertinemment que le règne des *minorités* qui, en révolution, sont toujours forcées d'être violentes, ne peut rien constituer de sain et de durable, et que ce n'est pas *en changeant d'erreur* que l'on peut *revenir à la vérité ?*

N'est-il pas souverainement juste et digne d'un roi, *père du peuple*, de mettre *les classes laborieuses* « qui ont le plus souffert de ce désordre social » en dehors de la responsabilité des derniers événements, et de relever leurs espérances en déclarant qu'il a fait de *leur sort l'objet de ses plus vives préoccupations et de ses plus chères études ?* Louis XII n'aurait pas mieux dit.

Enfin, n'est-ce pas se personnifier, comme Henri IV, dans la nation elle-même que de lui dire : JE NE PUIS OUBLIER QUE LE DROIT MONARCHIQUE EST LE PATRIMOINE DE LA NATION... LA FRANCE SAIT QUE JE LUI APPARTIENS !

VII.

On le voit, la déclaration de Chambord est, depuis la première ligne jusqu'à la dernière, tout ce qu'il y a de plus *français* au monde. Elle est nette, elle est loyale, elle est libérale; elle est patriotique et, de plus, elle est hardie et fronde nos préjugés. Mais c'est là notre caractère tout entier, dans notre bon temps: que faut-il de plus pour nous plaire, et pour toucher notre fibre nationale?

Non, si nous ne sommes pas encore morts comme nation, le contact douloureux mais salutaire de ce fil électrique remontant au droit traditionnel va nous rendre quelque mouvement et soulever dans notre cœur affaissé quelques battements généreux!...

C'est un mérite de porter en soi un principe de vie, quand tout le monde présentait notre principe, ou ceux qui le soutenaient, comme morts et BIEN MORTS.

Or, on peut discuter le choix des moyens de succès adoptés par l'auteur du manifeste; mais quant à la chaleur et à la noblesse de l'âme, quant à la vie qui circule à flots dans toutes ses expressions, nul ne peut les mettre en doute. Ces qualités, presque ignorées naguère, lui sont acquises désormais et ne peuvent lui être contestées.

Nous avions, grâce à l'imparfaite photographie, son portrait physique: aujourd'hui, son âme se peint à nous tout entière. Nous avons donc des éléments d'appréciation qui s'accroissent chaque jour. Il ne tient qu'à nous de le bien connaître; maintenant, parviendrons-nous à l'aimer?

Là-dessus, je n'ai rien à dire : l'amour ne se commande pas. Mais si ses proclamations, un peu frondeuses et si pleines de cœur, nous touchent et nous secouent, avec notre constitution vive et primesautière, croyez-le, nous ne tarderons pas à l'aimer; et quand nous l'aimerons, NOUS L'AURONS !

VIII.

Le sentiment national, l'élan du cœur, voilà qui est plus fort que toutes les majorités parlementaires. Je les respecte comme je le dois : mais je ne vois pas qu'elles aient jamais fondé un gouvernement.

La Révolution de 89 était déjà faite quand

est venue la Constitution de 1791; la Constitution de l'an VIII vint après le 18 brumaire, d'où sortait le Consulat armé de toutes pièces; la Charte de 1814 arrive avec la rentrée des Bourbons; mais, malgré les réclamations des Royalistes, elle n'est même pas soumise, par suite du mauvais vouloir ministériel, à la révision de la Chambre de 1815: — la Charte de 1830, la Constitution de 1848 et celle de 1852 ne viennent qu'après les événements qui leur servent d'introducteurs. Les majorités sanctionnent les événements, elles ne les créent pas.

Il faut savoir se faire à cette idée: l'opinion publique, ou le cours des faits humains, ou la logique des fautes commises, quelquefois le doigt de Dieu se montrant ostensiblement aux incrédules eux-mêmes, voilà ce qui produit les événements; puis viennent les élections qui les consacrent par la voix des majorités.

Nous ne voyons donc pas matière à préoccupation sérieuse dans ce fait que la majorité actuelle, composée de légitimistes et d'orléanistes unis, perd son caractère de *parti*, fusionné ou non. La fusion était un moyen, mais ce moyen pouvait avoir ses dangers. Si les légitimistes fusionistes ne se tenaient pas fermes à leurs principes, ils pouvaient compromettre leur chef, et le subordonner, sans le vouloir, aux princes appelés à régner après lui.

Que fallait-il pour cela? C'est bien simple: soumettre le Roi de France à certaines conditions *désirées* par ces princes, et la condition du drapeau pouvait en être une; de telle sorte qu'il parût aux yeux des amis des princes d'Orléans n'arriver que par voie de *concession*.

Nous soutenons qu'il y aurait eu là un vice de situation constituant un réel danger au point de vue de l'unité d'action, et, par suite, de la stabilité du pouvoir nouveau, en suppo- qu'il s'établit. Nous maintenons, en outre, que les princes de la maison d'Orléans n'en resteront ni plus, ni moins unis avec le chef de la maison de France, qu'ils n'empêcheront pas son retour et qu'ils en partageront les avantages (1).

(1) Nous lisons dans *L'Ordre et la Libérté* du 15 juillet :

« Paris, le 13 juillet 1871.

« Je puis vous confirmer que le comte de Paris et le duc

IX.

Ou nous nous trompons fort, ou le caractère véritable de la situation actuelle c'est la lassitude des révolutions. La France a plus que jamais besoin de se *refaire ;* elle en connaît les moyens pour les avoir naguère expérimentés. Elle sait donc de quel côté sont ses *intérêts*, et pour se ranger de ce côté, elle

de Nemours tiennent à Versailles et à Paris un langage qui prouve que rien n'est changé dans la situation créée par l'accord de tous les membres du parti monarchique. Les deux princes déclarent que le drapeau blanc est un obstacle qui ne vient pas de leur côté, mais du préjugé populaire qu'il faut éclairer ; ils recommandent, dans les circonstances actuelles, une grande réserve sur toutes ces questions. Rien ne presse, disent-ils, puisque nous avons à faire avec M. Thiers un essai plus ou moins long de la République provisoire ; *en attendant, nos relations restent très-amicales avec M. le Comte de Chambord.* » — C'est l'essentiel.

n'a d'autre obstacle actuel que ses préjugés.

Discuterons-nous ces préjugés? Nullement. Réfute-t-on une proposition comme celle-ci : « M. le comte de Chambord a écrit en faveur du Pape ; donc, s'il est roi, il n'hésitera pas à nous replonger dans les horreurs de la guerre pour replacer le Pape sur son trône? » — Non ! on attend les preuves, et nul ne peut les donner.

Le préjugé du drapeau ne se discute pas davantage. Craint-on que le drapeau blanc nous divise ? Mais ce drapeau, pas plus que le Chef royal qui le porte, ne sera appelé que quand il plaira à la France.

Il est donc bien clair que nous n'avons affaire qu'à des préjugés (1).

(1) L'extrait suivant d'une lettre qui vient de nous être adressée mérite, croyons-nous, de trouver place ici :

« L'une des plus spécieuses difficultés qu'on oppose, c'est que l'*armée tient au drapeau qui l'a conduite à de glorieux combats, même à des defaites, qui ne sont pas sans gloire*, etc. Je ne veux contester ici aucune des gloires acquises au drapeau tricolore, là où il a eu des

Opposons carrément nos intérêts à nos préjugés, et ces derniers céderont bientôt la place.

Or, ce que veulent nos intérêts, au point de vue monarchique, c'est un roi à la fois libéral et fort, connaissant les nécessités de son temps et voulant y satisfaire ; c'est un homme sans *arrière-pensée*, sachant ce qu'il veut et ennemi des aventures ; un homme ouvrant les bras à tous les princes de son sang, mais les ouvrant en roi, comme celui qui donne, et non comme celui qui reçoit ; un homme qui, une fois roi, domine la situation par la force de son caractère et adoucisse

succès, ou même de *glorieux* revers ; mais si, en juillet 1830, l'armée française délaissa avec tant de facilité le drapeau blanc qui venait de la conduire à la victoire, je ne puis me persuader qu'elle éprouve une si invincible répugnance à quitter le drapeau tricolore, après le désastre de Sédan et la douloureuse paix de 1871. Si le képi de M. Gambetta eût eu le même succès devant l'ennemi que l'historique panache blanc d'Henri IV, nous l'aurions salué de nos vivats !... Mais, si je ne me trompe, la palme est encore restée au Béarnais. Son drapeau n'a jamais porté malheur ! »

tous les angles par la mesure de son esprit et la délicatesse de son tact.

Il nous semble voir quelque chose de tout cela dans cette succession d'actes et de déclarations qui s'expliquent, se corroborent et se complètent sans jamais se contredire.

Avec un tel chef en perspective, avec de tels besoins de réparation, nous ne voyons réellement pas de place aux surprises, aux rivalités, aux ambitions personnelles.

X.

Nous croyons au patriotisme des princes de la maison d'Orléans ; le chef de la maison de France y croit également ; car, dans cet acte même du 5 juillet où il affirme ses couleurs, il rappelle avec un sentiment exquis *les premiers faits d'armes des princes de sa famille* et constate leur place dans l'histoire. Donc la question du drapeau ne change rien, dans sa pensée, à cette magnifique déclaration de son précédent manifeste : « C'est à la tête de toute

« la maison de France que je veux présider « aux destinées du pays » (8 mai 1871).

Nous ne pensons pas qu'il puisse être également rien changé dans la pensée de ces nobles princes (1) ; la situation était pen-

(1) Les lignes suivantes, extraites du *Moniteur du Calvados* du 19 juillet, sont d'autant plus remarquables que ce journal n'a pas favorisé jusqu'ici les idées légitimistes :

« Une correspondance, qui paraît bien informée, raconte que, dans son entretien avec le comte de Paris, M. Thiers lui aurait dit :

« Il faut convenir, Monseigneur, que M. le comte de « Chambord vous a rendu un fameux service par son ma- « nifeste. »

« Le jeune prince comprit immédiatement la pensée de M. Thiers, et lui répondit avec beaucoup de tact :

« Je ne sais, M. le Président, de quel service vous en- « tendez parler ; mais tenez pour certain que je ne mon- « terai jamais sur le trône qu'après M. le comte de « Chambord. »

« Si cette réponse est vraie, elle dénote chez M. le comte de Paris un grand sens politique et une loyauté digne de toutes les sympathies des gens de cœur.

« Nous ignorons le sort que nous réserve l'avenir. Rien de plus obscur que l'issue du troisième essai de Répu-

dante, elle avait l'air de devoir faire un pas; ce pas aurait-il déterminé la solution? Il est permis d'en douter. —L'aurait-il hâtée? Peut-être.

Aujourd'hui, la situation gagne en netteté ce qu'elle perd en combinaisons parlementaires. Le mot de la solution, tout problé-

blique imposé à la France par le coup de main du 4 septembre; mais au cas où cet essai serait malheureux, et où la nation se croirait obligée de redemander la liberté, le repos, l'ordre, la stabilité au régime monarchique, elle aurait reçu du comte de Paris un grand service le jour où il a résisté noblement à la tentation de diviser les forces du parti monarchique. Il a compris que la monarchie n'est rien si elle n'est l'inviolable respect de la loi d'hérédité. Le comte de Paris a mille fois raison de voir dans cette loi sacrée le palladium de l'illustre famille dont il sera le chef après le comte de Chambord; que cette famille doive remonter un jour sur le trône, ou qu'elle soit destinée à rester dans les rangs des familles ordinaires, sa grandeur et son honneur dépendent de sa fidélité inviolable au principe qui l'a mise hors de pair dans le monde civilisé.

« Le mot de M. le comte de Paris est la mort de l'orléanisme et il est le signe de la résurrection, si la monarchie doit ressusciter.

« Honneur au comte de Paris. »

matique qu'il était encore, est changé, sans que la solution elle-même paraisse devoir se modifier dans ses essentiels résultats. Nous étions dans l'attente, nous restons dans l'attente; et si nous attendons avec une anxiété continue la décision des événements, nous considérons que la parole du chef de la maison de Bourbon ne s'est pas produite en vain, et qu'elle a des droits acquis aux respects de la France.

Quant à nous, Français de toutes les nuances, mais dévoués avec les mêmes intérêts et la même énergie à la conservation de la société, rappelons-nous que nous montons le même navire, et que la mer où nous courons des bordées est pleine de rescifs. Restons fermement unis, sans cesser pour cela de laisser à nos convictions leur libre et légitime essor; éclairons-nous et fortifions-nous les uns les autres, jusqu'à l'heure désirée, où, dans une pensée de salut commun, il nous sera donné de héler enfin le Pilote qui doit nous conduire au port.

MANIFESTE DE CHAMBORD.

« Français,

« Je suis au milieu de vous.

« Vous m'avez ouvert les portes de la France, et je n'ai pu me refuser le bonheur de revoir ma patrie.

« Mais je ne veux pas donner, par ma présence prolongée, de nouveaux prétextes à l'agitation des esprits, si troublés en ce moment.

« Je quitte donc ce Chambord que vous m'avez donné, et dont j'ai porté le nom avec fierté, depuis quarante ans, sur les chemins de l'exil.

« En m'éloignant, je tiens à vous le dire,

je ne me sépare pas de vous, la France sait que je lui appartiens.

« Je ne puis oublier que le droit monarchique est le patrimoine de la nation, ni décliner les devoirs qu'il m'impose envers elle.

« Ces devoirs, je les remplirai, croyez-en ma parole d'honnête homme et de roi.

« Dieu aidant, nous fonderons ensemble et quand vous le voudrez, sur les larges assises de la décentralisation administrative et des franchises locales, un gouvernement conforme aux besoins réels du pays.

« Nous donnerons pour garantie à ces libertés publiques, auxquelles tout peuple chrétien a droit, le suffrage universel honnêtement pratiqué et le contrôle des deux Chambres, et nous reprendrons, en lui restituant son caractère véritable, le mouvement national de la fin du dernier siècle.

« Une minorité révoltée contre les vœux du

pays en a fait le point de départ d'une période de démoralisation par le mensonge et de désorganisation par la violence. Ses criminels attentats ont imposé la révolution à une nation qui ne demandait que des réformes, et l'ont dès lors poussée vers l'abîme où hier elle eût péri, sans l'héroïque effort de notre armée.

« Ce sont les classes laborieuses, ces ouvriers des champs et des villes, dont le sort a fait l'objet de mes plus vives préoccupations et de mes plus chères études, qui ont le plus souffert de ce désordre social.

« Mais la France, cruellement désabusée par des désastres sans exemple, comprendra qu'on ne revient pas à la vérité en changeant d'erreur ; qu'on n'échappe pas par des expédients à des nécessités éternelles.

« Elle m'appellera, et je viendrai à elle tout entier, avec mon dévouement, mon principe et mon drapeau.

« A l'occasion de ce drapeau, on a parlé de conditions que je ne dois pas subir.

« Français !

« Je suis prêt à tout, pour aider mon pays à se relever de ses ruines et à reprendre son rang dans le monde ; le seul sacrifice que je ne puisse lui faire, c'est celui de mon honneur.

« Je suis et veux être de mon temps ; je rends un sincère hommage à toutes ses grandeurs, et, quelle que fût la couleur du drapeau sous lequel marchaient nos soldats, j'ai admiré leur héroïsme, et rendu grâce à Dieu de tout ce que leur bravoure ajoutait au trésor des gloires de la France.

« Entre vous et moi, il ne doit subsister ni malentendu ni arrière-pensée.

« Non ! je ne le laisserai pas, parce que

l'ignorance ou la crédulité auront parlé de priviléges, d'absolutisme et d'intolérance, que sais-je encore ? de dîmes, de droits féodaux, fantômes que la plus audacieuse mauvaise foi essaie de ressusciter à vos yeux ; je ne laisserai pas arracher de mes mains l'étendard d'Henri IV, de François Ier et de Jeanne d'Arc.

« C'est avec lui que s'est faite l'unité nationale, c'est avec lui que vos pères, conduits par les miens, ont conquis cette Alsace et cette Lorraine dont la fidélité sera la consolation de nos malheurs.

« Il a vaincu la barbarie sur cette terre d'Afrique, temoin des premiers faits d'armes des princes de ma famille ; c'est lui qui vaincra la barbarie nouvelle dont le monde est menacé.

« Je le confierai sans crainte à la vaillance de notre armée ; il n'a jamais suivi, elle le sait, que le chemin de l'honneur.

« Je l'ai reçu comme un dépôt sacré du vieux roi mon aïeul, mourant en exil ; il a toujours été pour moi inséparable du souvenir de la patrie absente ; il a flotté sur mon berceau, je veux qu'il ombrage ma tombe.

« Dans les plis glorieux de cet étendard sans tache, je vous apporterai l'ordre et la liberté.

« Français,

« Henri V ne peut abandonner le drapeau blanc d'Henri IV.

« HENRI.

« Chambord, 5 juillet 1871. »

Caen, Typ. F. Le Blanc-Hardel

www.ingramcontent.com/pod-product-compliance
Lightning Source LLC
LaVergne TN
LVHW010303230826
846091LV00007BB/2684
* 9 7 8 2 0 1 3 3 7 3 0 8 1 *